U0074854

WHEN WE BECAME

THREE

Jill Caryl Weiner

當我們變成 **3** 個人

吉兒 · 卡蘿 · 維納——著

黃微眞——譯

目錄

恭喜！

你們建立了很棒的家庭，正開啟一場終生冒險。寶寶從像是只會睡覺、吃飯、便便的機器人，變成了世上最可愛、最討人疼惜的小人兒，與此同時，你們處理小孩的碰撞、打嗝，成為有自信、夠格的父母。這趟才剛開始的冒險是專屬你們三個人的。

《當我們變成三個人》提供了不太費力、輕鬆、有趣而特別的方式，捕捉家庭中所有的重要里程碑和特殊時刻。書頁中，你可以永久留存寶寶的每個階段，慶祝屬於新手父母的神奇、重要事件。你可以和你的伴侶一起進行，創造出美妙、歡樂的紀念，讓未來的你們持續歡笑、反省以及懷念。

新手家庭的生活和回憶會永久交織在一起，讓這本書的書頁來訴說你們的故事。

吉兒

我們
怎麼在一起的

把故事填進空白處

在你出生之前，爸爸和媽媽還不認識彼此。這是個 _____

的故事。那要回到 _____

的時候。我們因 _____

而遇上彼此。第一次碰面是個 _____ 。

那時發生最特別、有趣、值得記錄下來的（擇一）事情是 _____

_____ 。

對 _____ 來說，最值得紀念、最重要、最怪的

（擇一）事情是 _____ 。

我們感情中最關鍵的時刻是 _____ 。

自從我們在一起，許多 _____ 的事情發生。我們喜

歡彼此相伴，因為 _____ 。

我們都喜歡 _____ 和 _____ ，我們在

一起最愛 _____ 。我們一同有過的美好回憶是

_____ 。現在我們期待和你創造更多的美好回憶。

我們遇上彼此時，就像

□ 煙火，內心的火花四射　　　□ 響板，一拍即合

□ 一場微微細雨，感覺安全又自在　□ 地震，簡直是場災難

□ 週二早晨，一切如常　　　　□ 其他 _____

簡單來說，故事是這樣的⋯⋯

刚開始的時候

☐ 我們就知道會一直在一起
☐ 我們是朋友，愛情從友誼中發芽
☐ 我們都受不了對方
☐ 其中一人先對對方感興趣
☐ 其他：＿＿＿＿＿＿＿＿＿＿＿＿＿

把我們的關係比喻成季節，那就像是

☐ 冬天　　☐ 春天　　☐ 夏天　　☐ 秋天

因為 ＿＿＿＿＿＿＿＿＿＿＿＿＿＿＿＿＿

＿＿＿＿＿＿＿＿＿＿＿＿＿＿＿＿＿＿＿

媽媽知道自己戀愛了的時刻是 ＿＿＿＿＿＿

＿＿＿＿＿＿＿＿＿＿＿＿＿＿＿＿＿＿＿

＿＿＿＿＿＿＿＿＿＿＿＿＿＿＿＿＿＿＿

爸爸知道自己戀愛了的時刻是 ＿＿＿＿＿＿

＿＿＿＿＿＿＿＿＿＿＿＿＿＿＿＿＿＿＿

＿＿＿＿＿＿＿＿＿＿＿＿＿＿＿＿＿＿＿

當我們
在一起

我們的清單

我們的歌：_____

最喜歡的餐廳：_____

典型的約會行程：_____

_____

一個完美夜晚：_____

_____

_____

最喜歡的一次出遊：_____

_____

_____

_____

我會讓你進入我的夢中，如果我能在你的夢裡出現。

—— 巴布·狄倫 (Bob Dylan)

最喜歡的度假地點：

最喜歡的運動：

最喜歡的電影：

喜歡一起做的事：

放一張我們在一起時的照片

我們喜愛對方之處：

爸爸對媽媽說過最甜的話：

媽媽對爸爸說過最甜的話：

最浪漫的時刻：

最有趣的時刻：

最驚嚇的時刻：

愛他，並讓他愛你。天底下還有比這更重要的事嗎？
—— 詹姆斯・鮑德溫 (James Baldwin)

寶寶出生後，我們仍想在關係中保有、珍愛的事情是 _____

_____

_____

_____

_____

 時空膠囊

如果為寶寶出生前的我們製作時空膠囊，那一定會有 _____

_____

_____

_____

_____

_____

認真考慮做一個時空膠囊，把這些東西放進去。

工作和日常瑣事

我們喜歡鎮日彼此相伴，但並非皆能如願。

媽媽

我的時間通常用在 _____

我的夢想職業是 _____

空閒的時候，我會 _____

關於我，你可能不知道的事情是 _____

_____

爸爸

我的時間通常用在 _____

我的夢想職業是 _____

空閒的時候，我會 _____

關於我，你可能不知道的事情是 _____

_____

期待未知

我們什麼時候想擁有你？

☐ 馬上   ☐ 過了一陣子，我們準備好之後

☐ 其他：＿＿＿＿＿＿＿＿＿＿＿

 媽媽

出現什麼徵兆而去驗孕？

☐ 月經停止   ☐ 嗅覺變得像超級英雄一樣靈敏

☐ 吃什麼東西都反胃   ☐ 累得不想伸手去拿遙控器

☐ 我覺得棒透了   ☐ 其他：＿＿＿＿＿＿＿

驗孕結果是陽性時，感覺是

☐ 開心歡喜   ☐ 緊張   ☐ 完整

☐ 毫無準備   ☐ 充滿活力   ☐ 準備迎接挑戰

☐ 其他：＿＿＿＿＿＿＿＿＿

怎麼跟另一半說的？＿＿＿＿＿＿＿＿＿＿＿＿

＿＿＿＿＿＿＿＿＿＿＿＿＿＿＿＿＿＿＿＿

他的反應是＿＿＿＿＿＿＿＿＿＿＿＿＿＿＿

＿＿＿＿＿＿＿＿＿＿＿＿＿＿＿＿＿＿＿＿

我們告訴家人的時刻和場合：

我們怎麼告訴朋友？

我們收到最喜歡反應是

媽媽的肚子開始隆起的時候是在

媽媽會藏肚或樂於挺出肚子？

更多細節：

巧克力冰淇淋佐酸黃瓜

媽媽在孕期愛吃的食物：

厭惡的東西：

五感是否變得特別敏銳？

是哪種孕婦？

☐ 開心的　　　　☐ 愛睡的　　　　☐ 愛哭的

☐ 情緒化的　　　☐ 飢餓的　　　　☐ 暴躁的

☐ 會噁心嘔吐的　☐ 其他：

孕婦歷險記

懷孕期間最棒的事：

懷孕期間最糟的事：

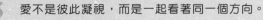

> 愛不是彼此凝視，而是一起看著同一個方向。
> —— 聖修伯里 (Antoine de Saint-Exupéry)

 準爸爸歷險記

媽媽在懷孕過程中，提出最具挑戰的要求是 _____

_____

爸爸逃避閱讀育兒書籍的藉口是

☐ 我會在辦公室待到很晚
☐ 幾千年來，人們沒學過拉梅茲分娩法，也都沒事
☐ 美國職棒大聯盟總冠軍賽、NBA 季後賽、美國小姐選拔賽
☐ 車子該進廠保養了
☐ 爸爸讀的育兒書比媽媽還多
☐ 其他：_____

更多細節：_____

_____

迎接寶寶的準備清單有

☐ 裝飾嬰兒房　　　　　　　☐ 去上拉梅茲呼吸法或分娩課程
☐ 買搖籃、嬰兒床和嬰兒用品　☐ 準備待產包
☐ 其他：_____

打造寶寶的專屬空間

提前布置嬰兒房、並決定色調和主題嗎？ _____

更多細節和想法：_____

_____

待產包有什麼特別的東西？ _____

_____

媽媽對於變成三人世界的最在意的是 _____

爸爸對於變成三人世界的最在意的是 _____

你出生以前，我們忍不住會想或擔心的是 _____

有關性別

媽媽認為你是個 _____

爸爸認為你是個 _____

☐ 我們預先知道你的性別
☐ 我們想保有驚喜，等待你出生那刻再揭曉

幸運是準備遇上機運。

—— 賽內卡 (Lucius Annaeus Seneca)

準媽媽派對中我們喜愛的事情：＿＿＿＿＿＿＿＿＿＿＿＿＿＿＿＿＿＿

＿＿＿＿＿＿＿＿＿＿＿＿＿＿＿＿＿＿＿＿＿＿＿＿＿＿＿＿＿＿＿＿＿＿

誰辦的？辦在哪裡？＿＿＿＿＿＿＿＿＿＿＿＿＿＿＿＿＿＿＿＿＿＿＿＿

＿＿＿＿＿＿＿＿＿＿＿＿＿＿＿＿＿＿＿＿＿＿＿＿＿＿＿＿＿＿＿＿＿＿

參加的人有誰？他們帶來了什麼？＿＿＿＿＿＿＿＿＿＿＿＿＿＿＿＿＿＿

＿＿＿＿＿＿＿＿＿＿＿＿＿＿＿＿＿＿＿＿＿＿＿＿＿＿＿＿＿＿＿＿＿＿

＿＿＿＿＿＿＿＿＿＿＿＿＿＿＿＿＿＿＿＿＿＿＿＿＿＿＿＿＿＿＿＿＿＿

最喜歡的禮物和回憶：＿＿＿＿＿＿＿＿＿＿＿＿＿＿＿＿＿＿＿＿＿＿＿

＿＿＿＿＿＿＿＿＿＿＿＿＿＿＿＿＿＿＿＿＿＿＿＿＿＿＿＿＿＿＿＿＿＿

＿＿＿＿＿＿＿＿＿＿＿＿＿＿＿＿＿＿＿＿＿＿＿＿＿＿＿＿＿＿＿＿＿＿

看到寶寶的超音波照片就像＿＿＿＿＿＿＿＿＿＿＿＿＿＿＿＿＿＿＿＿＿

＿＿＿＿＿＿＿＿＿＿＿＿＿＿＿＿＿＿＿＿＿＿＿＿＿＿＿＿＿＿＿＿＿＿

或我們沒看到，因為＿＿＿＿＿＿＿＿＿＿＿＿＿＿＿＿＿＿＿＿＿＿＿＿

＿＿＿＿＿＿＿＿＿＿＿＿＿＿＿＿＿＿＿＿＿＿＿＿＿＿＿＿＿＿＿＿＿＿

照超音波的時候，我們覺得 _____

_____

超音波照片
或媽媽的孕肚照片

我們彼此都同意的教養原則：_____

_____

我們還在說服對方採用的教養原則：_____

_____

_____

沒有孩子，人生是艱難的。
—— 瑞塔·拉德納 (Rita Rudner)

我們爭論的事情有

☐ 寶寶的名字
☐ 寶寶要穿哪一隊的嬰兒球衣
☐ 嬰兒房的顏色
☐ 要給肚子裡的寶寶聽誰喜歡的樂團
☐ 我們是否需要上產前課程
☐ 其他：

_____

_____

等待你的出生就像等待……

☐ 蛋糕膨脹，我們知道你很甜美又可口
☐ 火車，我們期待你將我們帶往下一站
☐ 雲霄飛車，我們等不及要來場刺激的冒險
☐ 暴風雨，我們不確定是否準備好了
☐ 久旱甘霖，我們非常渴望你的到來
☐ 其他：

_____

_____

她的外表出自她的父親。他是個整形醫生。
—— 格魯喬‧馬克思 (Groucho Marx)

 媽媽

希望孩子能遺傳到爸爸的什麼個性特質？ _____

_____

_____

希望孩子的什麼部位長得像爸爸？ _____

_____

_____

希望孩子遺傳到自己什麼特質？ _____

_____

_____

_____

完美版本

 爸爸

希望孩子能遺傳到媽媽的什麼個性特質？

希望孩子的什麼部位長得像媽媽？

希望孩子遺傳到自己什麼特質？

認為應盡義務是

> 所有婚姻中最重要的四個字：我會洗碗。
>
> —— 作者不明

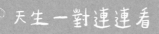

規則一：確定你們都保持愉快的心情。

規則二：分配未來的育兒家務。一起做也很棒。

寄送報喜通知

換尿布

擔任寶寶的時尚警察

讀無聊的教養書籍

媽媽　準備食物或叫外送

半夜起來顧寶寶

爸爸　洗衣服

用部落格或相簿記錄家庭生活

洗碗

幫寶寶洗澡

關於孕期、家務、教養，別人提供的有用建議是 _____

_____

和瘋狂建議是 _____

_____

> 如果懷孕是一本書，那她們會刪掉最後兩章。
> ——諾拉·伊佛朗 (Nora EpPhron)

 媽媽

等不及想和寶寶擁有的回憶：

1. _____

2. _____

3. _____

4. _____

 爸爸

等不及想和寶寶擁有的回憶：

1. _____

2. _____

3. _____

4. _____

寫給寶寶的第一封信

日期：_____

在這裡放第一張家庭照

你誕生了!

當我們
變成三個人

把故事填進空白處

在 _____，發生了這件不可思議、

令人 _____ 的事情：你出生了！我們知道

你的到來是因為 _____ 。

媽媽說、尖叫道或感覺到（擇一）_____

_____ 。

爸爸則是 _____ 。

我們打電話給 _____，然後接下來 _____

_____ 。

你到來時我們簡直不敢相信的是 _____

_____ 。沒料到你會如此的 _____ 。

我們決定稱呼你 _____，

因為 _____ 。

_____ 這些愛你的人想馬上見到你。你的出生改

變了我們的世界，我們從兩個人變成三個人，從一對夫妻變成一個家庭。

產房：批評止步

媽媽在哪裡生產？

☐ 在家裡　　　　　　　　　☐ 在浴缸

☐ 在醫院　　　　　　　　　☐ 在醫院電梯

☐ 在車子後座

☐ 其他：＿＿＿＿＿＿＿＿＿＿＿

媽媽進入產程時，爸爸在

☐ 躲床下　　　　　　　　　☐ 握著媽媽的手

☐ 失去意識　　　　　　　　☐ 祈禱

☐ 試著找到醫生

☐ 其他：＿＿＿＿＿＿＿＿＿＿＿

接生醫師／助產士＿＿＿＿＿＿＿＿＿＿人很

☐ 神奇　　　　　　　　　　☐ 專業

☐ 親切、有趣　　　　　　　☐ 嚴格

☐ 像美式足球的後衛球員

☐ 其他：＿＿＿＿＿＿＿＿＿＿＿

這個特別日子發生的更多細節……

現在人們會在水中生產，他們說這樣寶寶比較不會
恐懼……但在池子裡的其他人會。
—— 艾萊恩・布思勒 (Elayne Boosler)

 寶寶介紹

姓名：_____

出生日期和時間：_____

地點：_____

身高：_____　　體重：_____

眼睛的顏色：_____　　髮色：_____

髮型：□ 細捲髮　　□ 龐克頭　　□ 光頭　　□ 其他：_____

更多細節：_____

_____

_____

_____

_____

你出生時

☐ 睡得很平靜　　　　　☐ 全身漲紅
☐ 扭來扭去還尖叫　　　☐ 冷靜的觀望
☐ 好美　　　　　　　　☐ 其他：＿＿＿＿＿＿＿＿

長得像

☐ 尤達（不過更可愛）　☐ 完美的洋娃娃
☐ 祖父或祖母　　　　　☐ 媽媽
☐ 爸爸
☐ 其他：＿＿＿＿＿＿＿＿＿＿＿

放一張寶寶的照片

姓名：_____　　　　出生日期：_____

除了「世界上最棒的媽咪」以外，希望寶寶怎麼喊自己，從以下選出一個

媽媽　　　馬麻　　　媽咪　　　夫人

母親大人　馬迷　　　其他：_____

穿了鞋後的身高：_____　　　星座：_____

孕期增加了多少體重：_____　　　孕期的髮色：_____

放一張媽媽的照片

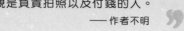

> 父親是負責拍照以及付錢的人。
> —— 作者不明

爸爸介紹

姓名：＿＿＿＿＿＿＿＿＿＿＿　　出生日期：＿＿＿＿＿＿＿＿＿＿

除了「世界上最棒的爸爸」以外，希望寶寶怎麼喊自己，從以下選出一個

爸爸　　　　爹地　　　爸　　　　把拔

父親大人　　先生　　　教練　　　其他：＿＿＿＿＿＿＿＿＿＿

夢想（或實際）身高：＿＿＿＿＿＿＿　　星座：＿＿＿＿＿＿＿

頭髮狀態：☐ 有　　☐ 無　　☐ 正在長

放一張爸爸有頭髮的照片
（可能會想證明有過頭髮）

當他第一次躺在我的胸口，感覺像是別人給了我個
火星小孩⋯⋯同時感覺像是抱著自己的靈魂。
—— 安妮・拉莫特 (Anne Lamott)

 ## 第一次看到你

媽媽

☐ 哭了
☐ 親吻爸爸
☐ 只想擁你入懷
☐ 笑得像個傻瓜
☐ 超級興奮
☐ 其他：＿＿＿＿＿＿＿＿＿＿＿

媽媽感覺

☐ 愛
☐ 害怕
☐ 驕傲
☐ 驚訝
☐ 開心
☐ 鬆了一口氣
☐ 其他：＿＿＿＿＿＿＿＿＿＿＿

第一次抱你時，你

☐ 睡得像個天使　　　　　☐ 扭來扭去像條蟲

☐ 好奇的看東看西　　　　☐ 自在的躺在我懷中

☐ 哇哇大哭　　　　　　　☐ 其他：＿＿＿＿＿＿＿＿＿＿＿

　　想對寶寶和爸爸說的話：

第一次看到你

爸爸

☐ 哭了
☐ 親吻媽媽
☐ 想擁你入懷
☐ 笑得像個傻瓜
☐ 超級興奮
☐ 剪了臍帶

爸爸感覺

☐ 鬆了一口氣
☐ 驚訝
☐ 害怕
☐ 開心
☐ 充滿了愛
☐ 驕傲
☐ 其他：＿＿＿＿＿＿＿＿＿＿＿＿

第一次抱你時，你

☐ 好完美，平靜地睡著了　　　　　☐ 像變色龍一樣變臉

☐ 自在的躺在我懷中　　　　　　　☐ 哇哇大哭

☐ 扭來扭去像條蟲，想掙脫我的手臂　☐ 其他：＿＿＿＿＿＿＿＿

想對寶寶和媽媽說的話：

後見之明：生產須知

下次要記得的事情

媽媽

- ☐ 產前別吃不該吃的食物（例如：豆子捲餅）
- ☐ 呼吸
- ☐ 記得把拖鞋和零食放進待產包
- ☐ 爸爸要是昏倒了也別擔心，其他人會幫忙的
- ☐ 不要讓全世界的人在隔天就來拜訪
- ☐ 其他：＿＿＿＿＿＿＿＿＿＿＿

爸爸

- ☐ 表現得冷靜點
- ☐ 確定汽車有油並帶了待產包
- ☐ 保持口氣清新：媽媽和我靠得很近
- ☐ 產程很長，要帶喜歡的零食
- ☐ 不要自己衝去醫院，忘了把媽媽帶上
- ☐ 其他：＿＿＿＿＿＿＿＿＿＿＿

希望可以改變的地方：＿＿＿＿＿＿＿＿＿＿

做得太完美了的地方：＿＿＿＿＿＿＿＿＿＿

寶寶的姓名

我們取了 ＿＿＿＿＿＿＿＿＿＿＿＿＿＿＿＿＿ 做為你的姓名，

因為 ＿＿＿＿＿＿＿＿＿＿＿＿＿＿＿＿＿＿＿＿＿＿

＿＿＿＿＿＿＿＿＿＿＿＿＿＿＿＿＿＿＿＿＿＿＿ 。

我們喜歡但無法達成共識的姓名有 ＿＿＿＿＿＿＿＿＿ 。

我們考慮過最好笑的名字是 ＿＿＿＿＿＿＿＿＿＿＿ 。

如果你是另一個性別，我們會取名為 ＿＿＿＿＿＿＿＿ 。

我們可能會用 ＿＿＿＿＿＿＿＿＿ 當做小名。你出生前，

我們用 ＿＿＿＿＿＿＿＿＿＿＿＿＿＿＿ 稱呼你。

更多故事：

＿＿＿＿＿＿＿＿＿＿＿＿＿＿＿＿＿＿＿＿＿＿＿＿＿

＿＿＿＿＿＿＿＿＿＿＿＿＿＿＿＿＿＿＿＿＿＿＿＿＿

玫瑰換了名字依然芬芳。

——莎士比亞

父母的姓名

媽媽的姓名是 _____，因為 _____

_____

_____。

媽媽有過的綽號：_____

_____

_____。

爸爸的姓名是 _____，因為 _____

_____

_____。

爸爸有過的綽號：_____

_____

_____。

如果諸事不順，就打電話給你的祖母。

 真正的朋友就是可以在凌晨四點打電話給他的人。
—— 瑪琳・黛德麗 (Marlene Dietrich)

 ## 我們的家族聚落

這些親愛的人住得近，並樂意來看你（有人要來當保母嗎？）：

_____

_____

這些親愛的人住得遠，但送來了他們的關愛：_____

_____

_____

希望這些親愛的人仍與我們同在：_____

_____

這些朋友就像親人一樣：_____

_____

新加入的重要名單有

小兒科醫生：＿＿＿＿＿＿＿＿＿　　保母：＿＿＿＿＿＿＿＿＿

乾爹、乾媽：＿＿＿＿＿＿＿＿＿　　最近的外帶餐廳：＿＿＿＿＿＿＿

寶寶外觀比一比

	像媽媽	像爸爸	看不出來
眼睛			
鼻子			
嘴巴			
笑容			
頭型			
耳朵			
手指			
腳			

把你比喻成小動物，你會是

☐ 食人魚，總是在啃咬媽媽　　☐ 無尾熊，喜歡抱抱，一直睡覺

☐ 小狗狗，開心又調皮　　☐ 吼猴，總是哭不停

☐ 其他：＿＿＿＿＿＿＿＿＿

帶寶寶回家

離開醫院時，我們

☐ 覺得刺激、難以置信　　☐ 覺得好累，需要幫手
☐ 不敢相信他們就讓我們帶你走　　☐ 擔心會傷害到你
☐ 沒有準備好，毫無頭緒　　☐ 超緊張又超開心的
☐ 其他：＿＿＿＿＿＿＿＿＿＿＿

更多故事和回憶：＿＿＿＿＿＿＿＿＿＿＿＿＿＿＿

＿＿＿＿＿＿＿＿＿＿＿＿＿＿＿＿＿＿＿＿＿＿＿

＿＿＿＿＿＿＿＿＿＿＿＿＿＿＿＿＿＿＿＿＿＿＿

初次帶你步入我們的家，我們知道所有事情都

☐ 改變了　　　☐ 改變了！　　　☐ 其他：＿＿＿＿＿＿

你的第一個地址：＿＿＿＿＿＿＿＿＿＿＿＿＿＿＿＿

對我們來說，這將永遠會是特別的，因為＿＿＿＿＿＿

＿＿＿＿＿＿＿＿＿＿＿＿＿＿＿＿＿＿＿＿＿＿＿

＿＿＿＿＿＿＿＿＿＿＿＿＿＿＿＿＿＿＿＿＿＿＿

結婚前，我對怎麼養小孩有六大理論。現在，
我只有六個小孩，沒有理論。
—— 約翰·威爾莫特 (John Wilmot)

最大的挑戰：

最棒的勝利：

最劇烈的調整：

身為緊張兮兮的父母，做過最傻的事：

更多細節：

寶寶出生
第一個月

把故事填進空白處

（可以完成這章的其他部分後，再回頭填寫此頁。）

帶你回家簡直就是 _____。時常在

跨進家門那一刻，就了解到我們的人生永遠改變了。就在前陣子，我們還

是 _____，突然間（好吧，是過了九個月），我們成了

_____。我們有好多要教你的，但隨即了解到，我們

有好多該學習的。你是那麼的 _____ 和 _____。

我們感覺如此 _____。有時候，你似乎只想要

_____，而我們只想要 _____。

最大的驚喜是 _____。但一切都值得。你的

_____ 是整個地球最可愛的！

當然，照顧新生兒不容易，特別是 _____，

但我們一起做到了。我們不想自誇，但 _____

_____ 已經很上手。

你成了家庭的一份子，我們覺得很幸運、很 _____

_____。三人之家就是我們想要的。

寶寶的第一個月

現在你在家裡，我們很驚訝你

☐ 有多麼漂亮　　　　☐ 有多麼依賴

☐ 睡眠的時間　　　　☐ 進食的份量

☐ 有多麼難餵　　　　☐ 有多麼好餵

☐ 其他：＿＿＿＿＿＿＿＿＿＿＿

更多細節：＿＿＿＿＿＿＿＿＿＿＿＿＿＿＿＿＿＿＿

＿＿＿＿＿＿＿＿＿＿＿＿＿＿＿＿＿＿＿＿＿＿＿＿＿

＿＿＿＿＿＿＿＿＿＿＿＿＿＿＿＿＿＿＿＿＿＿＿＿＿

＿＿＿＿＿＿＿＿＿＿＿＿＿＿＿＿＿＿＿＿＿＿＿＿＿

＿＿＿＿＿＿＿＿＿＿＿＿＿＿＿＿＿＿＿＿＿＿＿＿＿

我們希望永遠記得

☐ 每件事的感覺　　　　☐ 你曾小到貼合我們彎曲的手臂

☐ 你柔軟的肌膚觸感　　☐ 這些日子有多麼累，同時也多麼讓我們驚豔

☐ 其他：＿＿＿＿＿＿＿＿＿＿＿

初為父母手忙腳亂

當你學著認識這個世界時，我們學著怎麼照顧你的需求。第一次帶你回家

時，媽媽感覺到 _____

_____

爸爸感覺到 _____

_____

更多細節： _____

_____

_____

_____

我們喜愛你的

☐ 鼓鼓的雙頰　　　　　☐ 小巧的嘴唇

☐ 肉肉的大腿　　　　　☐ 捲翹的睫毛

☐ 花瓣般的柔軟肌膚　　☐ 還有 _____

除了這些外在特徵，我們還喜愛 _____

我們感到驚訝，因為

- ☐ 你完美無缺的手指頭
- ☐ 你數不清的便便次數
- ☐ 我們創造出如此美麗的你

- ☐ 你輪廓分明的腳趾頭
- ☐ 你閃著亮光的眼睛
- ☐ 其他：＿＿＿＿＿＿＿

難以想像，幾天前我們還＿＿＿＿＿＿＿＿＿＿＿＿＿＿＿＿

＿＿＿＿＿＿＿＿＿＿＿＿＿＿＿＿＿＿＿＿＿＿＿＿＿＿＿

現在我們＿＿＿＿＿＿＿＿＿＿＿＿＿＿＿＿＿＿＿＿＿＿＿

＿＿＿＿＿＿＿＿＿＿＿＿＿＿＿＿＿＿＿＿＿＿＿＿＿＿＿

讓人驚訝的是，你＿＿＿＿＿＿＿＿＿＿＿＿＿＿＿＿＿＿＿

＿＿＿＿＿＿＿＿＿＿＿＿＿＿＿＿＿＿＿＿＿＿＿＿＿＿＿

我們便喊你＿＿＿＿＿＿＿＿＿＿＿＿＿＿＿＿＿＿＿＿＿＿

＿＿＿＿＿＿＿＿＿＿＿＿＿＿＿＿＿＿＿＿＿＿＿＿＿＿＿

我們會說你像是

- ☐ 睡美人
- ☐ 神力便便人
- ☐ 其他：＿＿＿＿＿＿＿

- ☐ 尖叫美人
- ☐ 神祕便便人

- ☐ 吸塵器
- ☐ 小蟲蟲

你在各方面的表現簡直完美，如果你能夠

- □ 吃多一點
- □ 吃少一點
- □ 睡多一點
- □ 睡少一點
- □ 其他：________

更多想法：________

____

____

我們會這樣形容自己……

- □ 缺乏睡眠的殭屍
- □ 緊張兮兮但不知道該怎麼辦的傻子
- □ 順其自然的逐浪人
- □ 在愛裡飄飄然的青少年
- □ 嚴謹記錄進食、便便和睡眠狀況的科學家
- □ 發現愛的新世界的太空人
- □ 其他：________

即便如此，我們很意外的善於________

____

我們對育兒很有把握，除了________

____

寶寶的第一餐

寶寶最喜歡的親餵或瓶餵抱法是

☐ 搖籃式　　　　☐ 足球式　　　　☐ 在腿上

☐ 交叉搖籃式　　☐ 側躺在手臂上　☐ 以上皆是

☐ 其他：＿＿＿＿＿＿＿＿＿＿

寶寶的進食風格是

☐ 狼吞虎嚥　　　☐ 好好吸吮　　　☐ 吃吃睡睡

☐ 喝得快、吐得快　☐ 挑剔（不了，謝謝，等會兒再說）

☐ 其他：＿＿＿＿＿＿＿＿＿＿

餵奶時讓你保持清醒的方法是

☐ 拉拉你的腳　　　☐ 打開窗戶　　　☐ 製造各種聲音

☐ 脫掉你的連身衣，你會因清涼而醒著　☐ 寶寶在餵奶時總是醒著

☐ 其他：＿＿＿＿＿＿＿＿＿＿

最喜歡的溢奶故事：＿＿＿＿＿＿＿＿＿＿＿＿＿＿

＿＿＿＿＿＿＿＿＿＿＿＿＿＿＿＿＿＿＿＿＿＿＿＿＿

讓餵奶變簡單的小技巧：＿＿＿＿＿＿＿＿＿＿＿＿＿

＿＿＿＿＿＿＿＿＿＿＿＿＿＿＿＿＿＿＿＿＿＿＿＿＿

餵奶時，媽媽是一心多用，或專注、放鬆餵奶？

餵奶時的想法或感受：

更多細節：

寶寶入夢鄉

你睡著時，我們猜想

- [ ] 你會睡多久
- [ ] 你夢見什麼
- [ ] 為什麼突然就從熟睡中醒來尖叫
- [ ] 什麼時候我們才能感受平靜熟睡的滋味
- [ ] 其他：_____

你最喜歡的小睡地點：_____

_____

你的睡眠問題：_____

_____

_____

更多細節：_____

_____

_____

_____

父母的夢想：一覺到天亮

寶寶醒來後，爸爸媽媽是否能夠再次入睡？通常是誰起來顧寶寶？或是輪流？

寶寶最長睡了多久？

夜晚經常睡不飽時，爸爸媽媽縮著身子新找到、最愛的打盹地點是哪裡？

寶寶入睡時最奇怪的地點？

寶寶最長睡了多久？

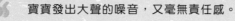

> 寶寶發出大聲的噪音，又毫無責任感。
> ——羅納德‧諾克斯 (Ronald Knox)

 尿布劇場

學習過程一路艱辛的是

☐ 尿布會爆炸　　　　☐ 尿布不防漏
☐ 換尿布的時候，要擋住或壓著男寶寶的小弟弟
☐ 外出時要帶至少四片尿布和替換的衣物
☐ 其他：＿＿＿＿＿＿＿＿＿＿＿

換尿布的有趣驚喜：＿＿＿＿＿＿＿＿＿＿＿

＿＿＿＿＿＿＿＿＿＿＿＿＿＿＿＿＿＿＿＿＿

最難換尿布的地方：＿＿＿＿＿＿＿＿＿＿＿

會用「臭臭」這個詞嗎？＿＿＿＿＿＿＿＿＿

機智問答：

當用光尿布但寶寶又該換尿布時，會怎麼做？＿＿＿＿

＿＿＿＿＿＿＿＿＿＿＿＿＿＿＿＿＿＿＿＿＿

＿＿＿＿＿＿＿＿＿＿＿＿＿＿＿＿＿＿＿＿＿

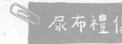
尿布禮儀

在別人家換尿布時，會怎麼做？

☐ 問主人髒尿布要怎麼處理

☐ 沒問過就把尿布丟進垃圾桶

☐ 把尿布帶回家

爸爸換尿布嗎？

☐ 當然會

☐ 有時候會

☐ 從來不會

更多有關換尿布的故事：

....

....

....

父母求生技巧

對你來說，全身包緊緊的，讓你

- ☐ 很有安全感，像在子宮裡一樣
- ☐ 有壓迫感，像穿緊身衣
- ☐ 沒什麼感覺

我們讓你安靜下來的方法是 _____

_____

_____

新手父母最困難的地方

以下糟糕的程度從低到高排序……

- ☐ 炸屎的尿布
- ☐ 安撫哭鬧不休的新生兒
- ☐ 其他：_____
- ☐ 拋物線噴射吐奶
- ☐ 跟尿布、包巾奮鬥
- ☐ 寶寶內建鬧鐘

哪一個最糟？

- ☐ 出門時把尿布用光
- ☐ 其他：_____
- ☐ 要在公開場合親餵

儘管充滿挑戰，我們仍熱愛當你的父母。

1.

2.

3.

4.

5.

6.

7.

8.

9.

10.

寶寶運動會

馬拉松睡眠項目，你贏得

- □ 金牌：破紀錄，睡到早上五點過後才醒來
- □ 銀牌：成功睡了四小時
- □ 銅牌：在車上睡著，到達目的地時才醒來
- □ 資格不符

短睡項目，你贏得

- □ 金牌：頭才碰到床就醒來了
- □ 銀牌：睡三十秒也算小睡嗎？
- □ 銅牌：個人紀錄是睡了 ＿＿＿＿＿＿ 小時
- □ 資格不符

喝奶馬拉松項目，你贏得

- □ 金牌：能連續不中斷喝 ＿＿＿＿＿＿ 小時
- □ 銀牌：喝到媽媽把你移開才停
- □ 銅牌：喝奶的時間斷斷續續，間隔夠睡個二十分鐘
- □ 資格不符

哭鬧項目，你贏得

- □ 金牌：從出生起就哭個不停
- □ 銀牌：似乎沒有什麼東西可以安撫你
- □ 銅牌：要吃東西的時候就不哭
- □ 資格不符

便便項目，你贏得

- □ 金牌：每天要換 _____ 片尿布
- □ 銀牌：才剛換新尿布，馬上又把尿布弄髒
- □ 銅牌：我們能說什麼呢，一切正常運作
- □ 資格不符

腹瀉短跑項目，你贏得

- □ 金牌：尿布和衣服都滲漏遭殃
- □ 銀牌：弄髒剛換的、乾淨的尿布
- □ 銅牌：等到換了乾淨的新尿布才便便
- □ 資格不符

長距離溢奶項目，你贏得

- □ 金牌：噴得客廳和角落都是
- □ 銀牌：吐在廚房裡
- □ 銅牌：吐在媽媽新的外出服上
- □ 資格不符

長距離耐餓項目，你贏得

- □ 金牌：不要親餵也不要瓶餵
- □ 銀牌：一餵奶就睡著了
- □ 銅牌：把喝的東西都吐光
- □ 資格不符

寶寶初次洗澡

寶寶第一次擦澡是在

洗澡最棒的一件事：

洗澡時間是

☐ 和寶寶的親密時光　　　　☐ 慘劇　　　☐ 視當天情況而定

〔寶寶洗澡快樂量表〕

◯　　　　　　你哇哇大哭

◯ ◯　　　　　你哭叫了一分鐘就平靜下來

◯ ◯ ◯　　　　剛開始有點猶豫但度過了愉快時光

◯ ◯ ◯ ◯　　　你掙脫我們的手臂、迫不及待下水

更多洗澡的挑戰和故事（例如：玩具、設備）：

父母的衛生狀況（在有寶寶之後）

我們在什麼時間抽空洗澡？

挑戰是

〔父母的骯髒量表〕

◯　　　　　　　每天洗澡

◯◯　　　　　　每隔一天洗澡

◯◯◯　　　　　每隔兩天洗澡

◯◯◯◯　　　　每週洗澡

◯◯◯◯◯　　　在身上灑大量香水或古龍水

放一張寶寶在洗澡的照片

保持冷靜，繼續前行（最想忘記的事情）

寶寶第一次的拋物線噴射發生在

☐ 便便　　　　☐ 溢奶

更多細節：_____

_____

寶寶第一次受傷：_____

_____

寶寶第一次發燒：_____

_____

一開始最擔心的事：_____

_____

_____

_____

最初的恐懼

我們太緊張了，所以常常

☐ 驚慌的打電話給小兒科醫生　　☐ 確認寶寶是否還在呼吸

☐ 打電話（或差點打電話）給毒藥物防治諮詢中心

更多故事：＿＿＿＿＿＿＿＿＿＿＿＿＿＿＿＿＿＿＿＿

＿＿＿＿＿＿＿＿＿＿＿＿＿＿＿＿＿＿＿＿＿＿＿＿＿

＿＿＿＿＿＿＿＿＿＿＿＿＿＿＿＿＿＿＿＿＿＿＿＿＿

誰是家裡的擔心大王？媽媽還是爸爸？＿＿＿＿＿＿＿＿

你曾想過寶寶是否

☐ 正在挨餓　　　　　☐ 快死了

☐ 噎著了　　　　　　☐ 其他：＿＿＿＿＿＿＿＿＿

實際上發生了什麼事情？＿＿＿＿＿＿＿＿＿＿＿＿＿＿

＿＿＿＿＿＿＿＿＿＿＿＿＿＿＿＿＿＿＿＿＿＿＿＿＿

＿＿＿＿＿＿＿＿＿＿＿＿＿＿＿＿＿＿＿＿＿＿＿＿＿

＿＿＿＿＿＿＿＿＿＿＿＿＿＿＿＿＿＿＿＿＿＿＿＿＿

我們的
第一次

把故事填進空白處

每天都有不同的第一次。一開始，你是如此的 ＿＿＿＿＿＿。看著你長大、

改變讓人感覺很興奮，每分每秒你都在進步，愈來愈擅長 ＿＿＿＿＿＿。

當你對著我們微笑，我們 ＿＿＿＿＿＿＿＿＿＿＿＿＿＿＿＿。你顯現出

＿＿＿＿＿＿＿＿＿＿＿＿＿＿ 的個性。當你 ＿＿＿＿＿＿＿＿＿＿＿＿，

我們忍不住 ＿＿＿＿＿＿＿。我們永遠會記得你第一次 ＿＿＿＿＿＿。

你最喜歡做的一件事是 ＿＿＿＿＿＿＿＿＿＿＿＿＿＿＿＿＿，

你很喜歡 ＿＿＿＿＿＿＿。媽媽喜歡和你一起 ＿＿＿＿＿＿＿＿，

而爸爸喜歡和你一起 ＿＿＿＿＿＿＿＿＿＿＿＿＿＿＿。你喜歡

重複做同一件事，有時候你會要我們不停 ＿＿＿＿＿＿＿＿＿。

事實上，我們也真的記錄你 ＿＿＿＿＿＿＿＿＿ 的次數。你的各方面

都在發育，我們也發展出一套儀式。你不會一直想要 ＿＿＿＿＿＿，

所以我們藉由 ＿＿＿＿＿＿＿＿＿＿＿＿＿＿＿＿ 的方式讓

你做到。＿＿＿＿＿＿＿＿＿＿＿＿＿＿＿＿＿＿ 是你的第一個朋友

（他們也是我們的新朋友）。我們珍愛這些和你一起學習、長大的日子。

笑容是全世界的共通語言。
——吉賽普・貝立茲 (Guiseppe Berlitz)

寶寶的第一個笑容

我們在哪裡？笑容維持了多久？ _____

_____

那個笑容

☐ 讓我們驚喜　　　　　　　　☐ 讓我們融化

☐ 幾乎引起市場裡所有的老奶奶要來逗你

☐ 讓我們感覺跟你有更深的連結

☐ 讓我們走到哪裡，都有免費的棒棒糖可拿

☐ 其他： _____

你哪裡怕癢？ _____

會讓你微笑或笑開懷的事情是 _____

父母的笑容

你讓媽媽笑了，當 _____

你讓爸爸笑了，當 _____

你要什麼？

你用以下什麼方式，讓我們知道你要什麼？

☐ 尖叫　　☐ 用手指　　☐ 大笑　　☐ 哭
☐ 發脾氣　☐ 發出聲音　☐ 用寶寶手語　☐ 其他：＿＿＿＿＿＿

更多細節：

 創意溝通

我們用以下什麼方式跟你溝通？

☐ 笑容 ☐ 擁抱 ☐ 說話 ☐ 兒語
☐ 用指的 ☐ 手語 ☐ 聲音的變化 ☐ 其他：_____

快轉：之後要溝通事情，卻要不想讓寶寶知道，我們會怎麼做？

☐ 講暗語 ☐ 用拼音 ☐ 手語

☐ 說 _____

☐ 其他：_____

放一張寶寶的照片

寶寶第一次發出聲音

你表現出的是

☐ 含糊不清　　　　☐ 滔滔不絕　　　☐ 發出噗噗聲
☐ 堅定、沉默的那型　☐ 其他：_____

你第一次發出的聲音是 _____

更多細節：_____

_____

〔泡泡量表〕

◯　　　　　　　　你不會吐出泡泡

◯ ◯　　　　　　　偶爾會有一個大泡泡

◯ ◯ ◯　　　　　正常的泡泡，發出很大的噗噗聲

◯ ◯ ◯ ◯　　　泡泡堆積成沫

◯ ◯ ◯ ◯ ◯　你是台標準的泡泡機

你是社交花蝴蝶嗎？選是或否

是／否　你喜歡傳飛吻　　　　是／否　你喜歡揮手說掰掰

是／否　你會唱兒歌　　　　　是／否　你很會跟人玩拍手遊戲

是／否　你不喜歡表演

父母第一次模仿牙牙學語

有時候我們很傻氣，用以下方式和你溝通

☐ 用說的、用手指出來
☐ 從丹田發出「噗噗」的聲音
☐ 模仿你發出的聲音
☐ 跟你一起笑

☐ 吹泡泡
☐ 搔你癢
☐ 發出聲音讓你模仿
☐ 對你唱歌

寶寶最喜歡以上哪一種方式？

更多細節：

寶寶說的第一個有意義的詞

你第一次說「爸爸」是在 _____

_____

你第一次說「媽媽」是在 _____

_____

你第一次用一個字來表達單詞的意思（例如用「匙」來表示湯匙）是在

_____

你的第一個和最喜歡的字詞、表達方法是 _____

_____

寶寶最初怎麼說以下這些詞？

媽媽： _____ 爸爸： _____

牛奶： _____ 奶瓶： _____

水： _____ 被子： _____

奶嘴： _____ 最喜歡的玩具： _____

祖母或祖父： _____

父母第一次說寶寶用語

媽媽第一次說寶寶用語：

爸爸第一次說寶寶用語：

父母對彼此第一次說出寶寶用語：

我們曾經用傻氣的寵物名稱喊對方嗎？或是疊字、童言童語曾不小心出現

在對話中？

稱呼自己的伴侶「媽咪」或「爸比」是什麼感覺？（或是別的方式稱呼對

方？）

寶寶的第一批朋友

你的第一批朋友是

你們怎麼認識的？

你喜歡和朋友一起做什麼事：

放一張寶寶和朋友在一起的照片

當一個人對另一個人說出這句話，友誼就誕生了：
什麼，你也是？我以為只有我這樣。

——C·S·路易斯 (C.S. Lewis)

父母第一次結交「小孩之友」

他們是誰，怎麼認識的？

和新朋友留下的美好回憶：

這些朋友本來就有小孩，還是即將要有小寶寶？

更多細節：

> 我的床像艘小船，保母送我上船，我們旋即出發。
> —— 羅伯特・路易斯・史蒂文森 (Robert Louis Stevenson)

我們需要保母嗎？

☐ 我們出門工作的時候，需要有人來照顧你

☐ 我們偶爾晚上要出門時，需要有個人來幫忙照顧你

☐ 目前我們沒辦法把你留給其他人照顧

☐ 其他 _____

我們希望找這樣的保母： _____

_____

_____

_____

_____

_____

面試暗號

☐ 面試過程中發簡訊

☐ 從紙袋拿出零卡可樂來喝

☐ 對彼此眨眼

☐ 其他： _____

☐ 連續抽好幾支菸

☐ 打瞌睡

☐ 該換尿布了

前三名的保母和喜歡他們的理由：

1. _____

_____

2. _____

_____

3. _____

_____

如果只有 _____ 能夠帶小孩，分數會是

_____

更多細節： _____

_____

_____

_____

寶寶的第一餐

寶寶只喝母乳作為營養來源嗎？ _____

寶寶喝奶的姿勢（現在你是專家了）

- ☐ 搖籃式
- ☐ 足球式
- ☐ 交叉搖籃式
- ☐ 側躺在手臂上
- ☐ 以上皆是
- ☐ 其他： _____

親餵或瓶餵的更多細節： _____

_____

寶寶的營養餐盤

寶寶第一次拿奶瓶 （可以是母乳、水或配方奶）

大約的日期： _____

讓你自己拿奶瓶的情況是

- ☐ 像強迫素食者吃蟲
- ☐ 就像擁抱一樣簡單
- ☐ 像從沒拿過奶瓶

父母的飲食計畫

當睡不飽、沒時間又很餓時，會選擇吃什麼？

- ☐ 吐司
- ☐ 外帶餐點
- ☐ _____口味的麥片
- ☐ 請朋友幫忙
- ☐ 自己煮
- ☐ 其他：_____

父母的營養餐盤

將吃的東西填進空白處：

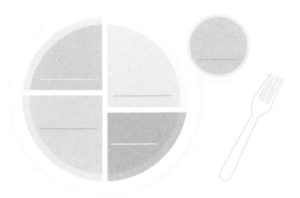

以下提供了一些選項：

- ☐ 中式
- ☐ 剩菜
- ☐ 麥片
- ☐ 液態食物
- ☐ 寶寶食物
- ☐ 冰箱裡可以找到的東西

寶寶第一次吃固體食物

什麼時候？

吃了什麼？

你表現得像

☐ 熊爸爸：餵我！多一點！快一點！

☐ 熊媽媽：好的，我會試試看

☐ 熊寶寶：噁，把那個東西拿遠一點

☐ 其他：

更多細節：

吃寶寶的食物

父母第一次吃的食物泥是 ＿＿＿＿＿＿＿＿＿＿＿＿

吃了什麼？為什麼會吃？是否喜歡到吃下第二口？ ＿＿＿＿＿＿

＿＿＿＿＿＿＿＿＿＿＿＿＿＿＿＿＿＿＿＿＿＿＿＿＿＿＿＿

吃過最噁心的寶寶食物是什麼？吃過之後，對於讓寶寶吃這些會有罪惡感

嗎？ ＿＿＿＿＿＿＿＿＿＿＿＿＿＿＿＿＿＿＿＿＿＿＿＿＿＿

有覺得好吃的寶寶食物嗎？ ＿＿＿＿＿＿＿＿＿＿＿＿＿＿＿

更多細節： ＿＿＿＿＿＿＿＿＿＿＿＿＿＿＿＿＿＿＿＿＿＿

＿＿＿＿＿＿＿＿＿＿＿＿＿＿＿＿＿＿＿＿＿＿＿＿＿＿＿＿

放一張寶寶吃東西的照片

寶寶吃飯哀哀叫

你喜歡

☐ 栗子南瓜　　☐ 蘋果泥　　☐ 杏桃　　☐ 酪梨　　☐ 香蕉

☐ 大麥麥片　　☐ 燕麥　　☐ 梨子　　☐ 豆子　　☐ 桃子

☐ 米精　　　　☐ 甘藷　　☐ 櫛瓜

其他：

_____

_____

_____

你討厭的是

_____

_____

_____

過敏的食物或有可能會過敏的食物：

_____

_____

_____

給了糖，還搗蛋！

寶寶友善餐廳：

讓寶寶吃東西的小技巧有哪些？

以及沒用的方法（而且還讓廚房變成大災難）：

有趣或慘烈的吃飯故事：

因食物發脾氣、做出糗事，或有趣的故事：

寶寶第一次睡過夜

你要如何才會入睡？

☐ 爸爸或媽媽抱著搖了你幾個小時

☐ 有人和你依偎在床

☐ 媽媽餵你喝奶

☐ 有人唱歌給你聽

☐ 在汽座上

☐ 爸媽開車載你在附近轉轉

☐ 其他：＿＿＿＿＿＿＿＿＿＿＿

放一張寶寶入睡的照片

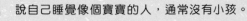
 ## 父母的漫漫長夜

〔睡眠量表〕

○　　　　　　　　睡覺是什麼？

○ ○　　　　　　　睡眠沒那麼重要

○ ○ ○　　　　　我會在你送托時睡覺

○ ○ ○ ○　　　我需要小睡十分鐘來補足我的睡眠

○ ○ ○ ○ ○　睡眠不受影響

如果我們寫一本有關睡眠習慣的書，那麼書名會是

☐ 長夜漫漫路迢迢

☐ 睡眠多美好

☐ 活死人之夜

☐ 我起來九次了，輪到你了

☐ 西雅圖夜未眠

寶寶的第一個就寢儀式

你的就寢儀式包括

☐ 擦澡　　　☐ 抱抱　　　☐ 喝奶　　　☐ 唱歌

☐ 按摩　　　☐ 讀書　　　☐ 其他：＿＿＿＿＿＿＿＿

我們怎麼讓你入睡？＿＿＿＿＿＿＿＿＿＿＿＿＿＿＿＿＿

＿＿＿＿＿＿＿＿＿＿＿＿＿＿＿＿＿＿＿＿＿＿＿＿＿＿

你最喜歡的就寢時光：＿＿＿＿＿＿＿＿＿＿＿＿＿＿＿＿

＿＿＿＿＿＿＿＿＿＿＿＿＿＿＿＿＿＿＿＿＿＿＿＿＿＿

＿＿＿＿＿＿＿＿＿＿＿＿＿＿＿＿＿＿＿＿＿＿＿＿＿＿

我們最喜歡的就寢時光是＿＿＿＿＿＿＿＿＿＿＿＿＿＿＿

＿＿＿＿＿＿＿＿＿＿＿＿＿＿＿＿＿＿＿＿＿＿＿＿＿＿

＿＿＿＿＿＿＿＿＿＿＿＿＿＿＿＿＿＿＿＿＿＿＿＿＿＿

剛開始最喜歡的故事或搖籃曲：＿＿＿＿＿＿＿＿＿＿＿＿

＿＿＿＿＿＿＿＿＿＿＿＿＿＿＿＿＿＿＿＿＿＿＿＿＿＿

＿＿＿＿＿＿＿＿＿＿＿＿＿＿＿＿＿＿＿＿＿＿＿＿＿＿

失眠最棒的解方就是睡得夠。
—— W‧C‧菲爾德 (W.C. Fields)

父母的就寢儀式

寶寶終於睡著了，父母會做什麼？

睡覺前會

☐ 一起吃晚餐　　☐ 聊天　　　☐ 看電視

☐ 癱著不動　　　☐ 其他：

爸爸和媽媽對寶寶的睡眠策略相同嗎？

	媽媽喜歡	爸爸喜歡
哄你入眠		
自行入睡		
混合以上兩種方式		
其他：		

你第一次睡過夜，我們覺得

☐ 純屬意外　　　　　　　　　☐ 是個奇蹟

☐ 我們是不是哪裡搞錯了

☐ 該慶祝一下！終於可以回歸正常生活了（對吧）

☐ 你是不是有什麼不舒服，要來打電話給兒科醫生

☐ 其他：＿＿＿＿＿＿＿＿＿＿

你第一次睡過夜，媽媽

☐ 過去確認你還在呼吸　　　　☐ 想看電視

☐ 清醒的躺著，盯著天花板看　☐ 安然入睡

☐ 和爸爸熬夜，擔心是否該打電話報警

☐ 其他：＿＿＿＿＿＿＿＿＿＿

當你入睡時，爸爸

☐ 看球賽　　　　　　　　　　☐ 跟平常一樣在沙發上打盹

☐ 安然入睡　　　　　　　　　☐ 清醒的躺著，盯著天花板看

☐ 和媽媽熬夜，等著你醒來

☐ 其他：＿＿＿＿＿＿＿＿＿＿

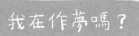

我在作夢嗎？

媽媽第一次可以睡整夜，不用確認寶寶是否還活著，是在什麼時候？

_____

寶寶第一次睡過夜時，爸爸媽媽有睡眠障礙嗎？　_____

_____

更多細節：　_____

_____

_____

爸爸第一次可以睡整夜是在　_____

_____

這很特別嗎？還是跟平常一樣？　_____

_____

更多細節：　_____

_____

_____

寶寶邁向獨立的第一步

把頭抬起來

什麼時候？＿＿＿＿＿＿＿＿＿＿＿＿＿＿＿＿＿＿＿＿＿

更多細節：＿＿＿＿＿＿＿＿＿＿＿＿＿＿＿＿＿＿＿＿

＿＿＿＿＿＿＿＿＿＿＿＿＿＿＿＿＿＿＿＿＿＿＿＿＿＿＿

揮手掰掰／送出飛吻

什麼時候？＿＿＿＿＿＿＿＿＿＿＿＿＿＿＿＿＿＿＿＿＿

更多細節：＿＿＿＿＿＿＿＿＿＿＿＿＿＿＿＿＿＿＿＿

＿＿＿＿＿＿＿＿＿＿＿＿＿＿＿＿＿＿＿＿＿＿＿＿＿＿＿

坐起來

什麼時候？＿＿＿＿＿＿＿＿＿＿＿＿＿＿＿＿＿＿＿＿＿

更多細節：＿＿＿＿＿＿＿＿＿＿＿＿＿＿＿＿＿＿＿＿

＿＿＿＿＿＿＿＿＿＿＿＿＿＿＿＿＿＿＿＿＿＿＿＿＿＿＿

＿＿＿＿＿＿＿＿＿＿＿＿＿＿＿＿＿＿＿＿＿＿＿＿＿＿＿

翻身

什麼時候？

更多細節：

爬行

什麼時候？

更多細節：

爬行風格

☐ 傳統型　　☐ 往後爬　　☐ 用肚子爬

探索

什麼時候？

更多細節：

最愛的探索地點：

父母邁向新生活（跌跌撞撞的）

被吐了滿身還是抬頭挺胸……

☐ 沒事，有小孩就是這樣

☐ 幫幫忙！哪裡有衣服可以換？

☐ 學到教訓：永遠要用嬰兒圍兜

外出工作時，和寶寶揮手道別或直接走出門……

☐ 這是當父母最難的部分

☐ 我們知道出門後，寶寶會沒事的

睡覺時翻來覆去……

誰在半夜醒來照顧你？

寶寶的第一步

誰在照看？ _____

什麼時候？ _____

我們在哪？ _____

那是

☐ 走了一步就跌倒　　　　　　☐ 地板上的奇怪舞蹈

☐ 從 A 點到 B 點的完美之旅　　☐ 令人讚嘆的

☐ 走了幾步，然後小心的、有計畫的跌倒

☐ 用自己的語彙描述： _____

寶寶感覺

☐ 刺激　　　☐ 很高興終於結束了　　　　☐ 驚喜

☐ 不感興趣　　☐ 其他： _____

寶寶何時開始走路？ _____

更多細節： _____

_____

媽媽

去哪裡？

有什麼感覺？

想要

☐ 馬上打電話回家　　　　　☐ 好好透透氣

☐ 衝回去看寶寶　　　　　　☐ 介於放鬆和不放心之間

☐ 為了以防萬一，不要離家太遠　☐ 其他：

更多細節：

爸爸

去哪裡？

想要

☐ 好好透透氣 ☐ 衝回去看寶寶

☐ 介於兩者之間 ☐ 變裝，然後溜回家

☐ 其他：

更多細節：

寶寶的一小步，是往獨立前進的一大步。

你和誰一起？ _____

_____

你去哪裡？ _____

_____

你做了什麼？ _____

_____

你待了多久？ _____

當時你多大？ _____

更多細節： _____

_____

_____

_____

父母第一次一起出門（沒帶寶寶）

去哪裡？出去了多久？

誰照看寶寶？

把寶寶留在家裡，你們有什麼感覺？

是不是把時間都花在談論寶寶上？

寶寶第一次鬧脾氣

時間和地點：

_____

_____

什麼原因造成的？

_____

_____

_____

我們怎麼處理？

_____

_____

_____

_____

_____

_____

生活總有些時刻考驗著我們的勇氣，帶小孩走
進鋪著白地毯的房子就是其中之一。

—— 爾瑪 · 邦貝克 (Erma Bombeck)

父母第一次發脾氣

媽媽生氣發火，當她

後來，媽媽做了、想了、說了、希望什麼事？

爸爸生氣發火，當他

後來，爸爸做了、想了、說了、希望什麼事？

> 多數服從少數的絕佳例子就是家裡的寶寶。
>
> —— 作者不明

避免寶寶鬧脾氣

鬧脾氣前，你有什麼徵兆？

_____

_____

在什麼情況下你有可能生氣？

_____

_____

我們的預防措施是

☐ 換話題　　　　　☐ 拿出棒棒糖

☐ 唱歌　　　　　　☐ 拿出電子產品

☐ 輕搖鑰匙或拿其他可以分心的物品

☐ 其他：_____

當你闖禍了，我們會怎麼稱呼你？

_____

_____

「恐怖的兩歲」開始的時間：_____

_____

_____

> 愛的開始和結束並不如我們所想。愛是打仗，
> 愛是戰爭，愛是成長。
> ——詹姆斯·鮑德溫 (James Baldwin)

避免父母發脾氣

什麼事會讓媽媽生氣？

_____

爸媽可以怎麼避免？

_____

什麼事會讓爸爸生氣？

_____

有辦法避免嗎？

_____

_____

_____

我們用什麼方法冷靜下來？

☐ 數到十　　　　☐ 唱字母歌　　　　　　☐ 抓頭髮

☐ 離開房間　　　☐ 當場發脾氣，然後冷靜

寶寶第一次剪頭髮

當你＿＿＿＿歲＿＿＿＿月時，＿＿＿＿幫你剪了第一次頭髮。

你

☐ 很害怕、哭了

☐ 轉頭看來看去，讓我們很緊張

☐ 喜歡注意力都在自己身上

☐ 一直想要拿剪刀

☐ 滿不在乎

☐ 其他：＿＿＿＿＿＿

我們

☐ 滿是興奮，想看你的新造型

☐ 擔心你會被剪刀戳到

☐ 其他：＿＿＿＿＿＿

☐ 擔心你的捲髮長不回來

☐ 很驕傲、驚喜的看你成長

在此黏貼一束頭髮或放上
剪髮前和剪髮後的照片

父母改變風格

媽媽改變風格

☐ 現在她都穿邋遢的 T 恤和運動服

☐ 她剪了鮑伯頭或短髮，這樣寶寶才不會拉她的頭髮

☐ 她常常穿睡衣

☐ 她還是會稍微打扮

☐ 她不再戴垂墜式耳環

☐ 她看起來一樣漂亮，只是衣服上有吐奶留下的汙漬

☐ 其他：＿＿＿＿＿＿＿＿＿＿＿＿＿＿

更多細節：＿＿＿＿＿＿＿＿＿＿＿＿＿＿＿＿＿＿

＿＿＿＿＿＿＿＿＿＿＿＿＿＿＿＿＿＿＿＿＿＿＿＿＿＿

＿＿＿＿＿＿＿＿＿＿＿＿＿＿＿＿＿＿＿＿＿＿＿＿＿＿

爸爸是否改變他的打扮？＿＿＿＿＿＿＿＿＿＿＿＿＿＿

＿＿＿＿＿＿＿＿＿＿＿＿＿＿＿＿＿＿＿＿＿＿＿＿＿＿

＿＿＿＿＿＿＿＿＿＿＿＿＿＿＿＿＿＿＿＿＿＿＿＿＿＿

＿＿＿＿＿＿＿＿＿＿＿＿＿＿＿＿＿＿＿＿＿＿＿＿＿＿

寶寶出生後，爸爸最長＿＿＿＿＿＿天／月沒有刮鬍子

第一次進行如廁訓練

時間點是何時？我們跟你說了什麼？＿＿＿＿＿＿＿＿＿＿＿＿＿

＿＿＿＿＿＿＿＿＿＿＿＿＿＿＿＿＿＿＿＿＿＿＿＿＿＿＿＿＿＿

你準備好了嗎？

☐ 準備好了　　　　　☐ 還沒　　　　　☐ 其他：＿＿＿＿

賄賂和獎勵的物品有

☐ 貼紙　　　　　☐ M&M's 巧克力　　☐ 看電視或平板

☐ 錢或禮物　　　☐ 家庭假期　　　　☐ 特別的兒童內褲

☐ 目標練習（男孩專用）　☐ 其他：＿＿＿＿＿

第一件兒童內褲款式是

☐ 迪士尼款式：＿＿＿＿＿＿＿＿＿＿＿

☐ 超級英雄：＿＿＿＿＿＿＿＿＿＿＿

☐ 芝麻街或幼兒界偶像：＿＿＿＿＿＿＿＿＿

☐ 其他：＿＿＿＿＿＿＿

更多細節和如廁訓練的故事：＿＿＿＿＿＿＿＿＿＿＿＿

＿＿＿＿＿＿＿＿＿＿＿＿＿＿＿＿＿＿＿＿＿＿＿＿＿＿＿＿＿＿

＿＿＿＿＿＿＿＿＿＿＿＿＿＿＿＿＿＿＿＿＿＿＿＿＿＿＿＿＿＿

＿＿＿＿＿＿＿＿＿＿＿＿＿＿＿＿＿＿＿＿＿＿＿＿＿＿＿＿＿＿

父母的語言

曾在照顧孩子的時候脫口說粗話嗎？

有趣的故事：

用來代替粗話的詞有

☐ 幹～什麼！　　☐ 靠～邊走！

☐ 大便～當　　　☐ 他媽～媽的！

☐ 馬～的眼睛！　☐ 其他：

如廁訓練之路

在外面遇過最髒的廁所是

- ☐ 火車站的廁所
- ☐ 麥當勞或其他速食店的廁所
- ☐ 其他：＿＿＿＿＿＿＿＿＿＿＿

- ☐ 超市或便利商店的廁所
- ☐ 流動廁所

如廁訓練的其他故事：＿＿＿＿＿＿＿＿＿＿＿＿＿＿＿＿＿

＿＿＿＿＿＿＿＿＿＿＿＿＿＿＿＿＿＿＿＿＿＿＿＿＿＿＿＿＿

父母的練習之路

曾帶著兒童便盆出門嗎？＿＿＿＿＿＿＿＿＿＿＿＿＿＿＿＿

在外面最大的不便？＿＿＿＿＿＿＿＿＿＿＿＿＿＿＿＿＿＿＿

＿＿＿＿＿＿＿＿＿＿＿＿＿＿＿＿＿＿＿＿＿＿＿＿＿＿＿＿＿

不順利的初次嘗試、什麼時候決定先放棄？＿＿＿＿＿＿＿＿

＿＿＿＿＿＿＿＿＿＿＿＿＿＿＿＿＿＿＿＿＿＿＿＿＿＿＿＿＿

是否開始進行如廁訓練，卻發現孩子還沒準備好？＿＿＿＿＿

＿＿＿＿＿＿＿＿＿＿＿＿＿＿＿＿＿＿＿＿＿＿＿＿＿＿＿＿＿

 亞當和夏娃有許多優點,但最重要的是他們沒有長牙的過程。

—— 馬克・吐溫 (Mark Twain)

寶寶的第一顆牙

你正在長牙的徵兆是

可以讓你感覺好一點的事情是

☐ 把舒緩的藥物抹在牙齦上　　☐ 咬你的手指

☐ 毛巾或冰過的奶嘴　　　　　☐ 冰過的固齒器

☐ 咬爸爸或媽媽的手指　　　　☐ 一般的固齒器

☐ 冰棒　　　　　　　　　　　☐ 其他:

長牙時喜歡咬的玩具:

第一顆牙齒!

日期:

放一張寶寶出第一顆牙的照片

看著你的成長是很美妙的,但有哪些會嚇到我們呢?

....

....

....

....

看到你辛苦的學習新事物或體驗到痛苦,對我們來說並不容易,
我們是怎麼處理的?

....

....

....

....

....

我們是
一家三口了

現在我們是一家三口了

當你還沒出生時，我們想著有好多要教你的事情，但現在，我們每天都從你身上學習。

當你還沒出生時，出門代表

☐ 穿上外套和鞋子　　　☐ 梳頭髮　　　☐ 其他：＿＿＿＿＿＿

現在

☐ 全副武裝，像是要去外太空　　　☐ 有點手忙腳亂，但我們漸漸上手了
☐ 其他：＿＿＿＿＿＿＿＿＿

我們準備出門最快的紀錄是＿＿＿＿＿＿＿＿＿＿＿＿

＿＿＿＿＿＿＿＿＿＿＿＿＿＿＿＿＿＿＿＿＿＿＿＿＿＿

你還沒出生時，我們喜歡

☐ 週末早晨睡懶覺　　　　　　　☐ 早早起床看日出
☐ 徹夜聊天　　　　　　　　　　☐ 其他：＿＿＿＿＿＿

現在

☐ 如果你可以睡到早上五點，我們就很開心了
☐ 如果早上可以跟你一起睡個回籠覺，我們就很開心了
☐ 我們徹夜聊天，反正你總是會醒來　　　☐ 其他：＿＿＿＿＿＿

你還沒出生時，我們喜歡看

☐ 懸疑、動作片　　　　☐ 劇情片　　　　☐ 浪漫喜劇

☐ 紀錄片　　　　　　　☐ 其他：＿＿＿＿＿＿＿

現在我們喜歡看

☐ 迪士尼　　　　　　　☐ 卡通台　　　　☐ 芝麻街

☐ 在你看電視時打個盹或去洗澡　　　　☐ 其他：＿＿＿＿＿＿＿

你出生之前，我們最喜歡的餐廳是＿＿＿＿＿＿＿＿＿＿＿＿＿＿

＿＿＿＿＿＿＿＿＿＿＿＿＿＿＿＿＿＿＿＿＿＿＿＿＿＿＿＿＿＿

現在我們一家三口最喜歡的餐廳是

☐ ＿＿＿＿＿＿＿＿＿＿＿＿＿　　　　☐ 家裡飯廳

我們喜歡的理由：＿＿＿＿＿＿＿＿＿＿＿＿＿＿＿＿＿＿＿＿

＿＿＿＿＿＿＿＿＿＿＿＿＿＿＿＿＿＿＿＿＿＿＿＿＿＿＿＿＿＿

＿＿＿＿＿＿＿＿＿＿＿＿＿＿＿＿＿＿＿＿＿＿＿＿＿＿＿＿＿＿

＿＿＿＿＿＿＿＿＿＿＿＿＿＿＿＿＿＿＿＿＿＿＿＿＿＿＿＿＿＿

＿＿＿＿＿＿＿＿＿＿＿＿＿＿＿＿＿＿＿＿＿＿＿＿＿＿＿＿＿＿

＿＿＿＿＿＿＿＿＿＿＿＿＿＿＿＿＿＿＿＿＿＿＿＿＿＿＿＿＿＿

你出生之前，我們有時會爭論

☐ 晚餐該煮什麼　　　　　☐ 要看什麼電影

☐ 其他：＿＿＿＿＿＿＿＿＿＿

現在，我們爭論的事情是

☐ 怎麼把寶寶哄睡　　　　☐ 益智玩具的花費

☐ 其他：＿＿＿＿＿＿＿＿＿＿

你長大後，我們會懷念：

一種新的愛

 媽媽

我喜歡當媽媽，因為 _____

但很難調適的地方是

☐ 花費很長的時間卻無報酬 　 ☐ 難溝通的老闆
☐ 不能想做什麼就做什麼 　　 ☐ 無條理的工作環境
☐ 缺乏睡眠 　　　　　　　　 ☐ 和爸爸少有單獨相處的時間
還有 _____

爸爸

我喜歡當爸爸，因為 _____

但很難調適的地方是

☐ 行程安排 　　　　　　　 ☐ 沒有休息時間
☐ 另一半偏心 　　　　　　 　　 ☐ 沉重的工作量
☐ 所有的髒尿布 　　　　　 ☐ 和媽媽少有單獨相處的時間
還有 _____

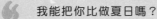

我能把你比做夏日嗎？
—— 莎士比亞

 第一次的體悟

 媽媽

第一次，我體悟到他會做個好爸爸是在 _____

_____

第一次，我往後退，看他成為慈愛的父親是在 _____

_____

 爸爸

第一次，我體悟到她會做個好媽媽是在 _____

_____

第一次，我往後退，看她成為美麗的母親是在 _____

_____

_____

118

媽媽

第一次，我退後一步看，視自己為這個家的一份子是在

_____

成為這個家的一份子，我最喜歡的是

_____

_____

爸爸

第一次，我退後一步看，視自己為這個家的一份子是在

_____

成為這個家的一份子，我最喜歡的是

_____

_____

這個感覺發生在何時？

☐ 我們開始稱呼彼此「媽咪」或「爹地」而不是名字
☐ 媽媽會把爸爸的食物切成小塊
☐ 你的物品數量超過我們的，每個房間都是你的東西
☐ 和朋友出門一直談到你

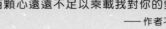

一百顆心遠遠不足以乘載我對你的愛。

—— 作者不明

被你融化

以下是你做過討人喜歡、讓我們融化的事情：

_____

_____

_____

_____

你很特別，因為 _____

_____

_____

你是這麼的惹人憐愛，因為 _____

_____

_____

_____

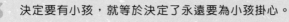

決定要有小孩，就等於決定了永遠要為小孩掛心。

—— 伊莉莎白·史東 (Elizabeth Stone)

愛上家庭生活

忘了三個人太擁擠。我們喜歡一起做的事：

_____

_____

_____

_____

_____

我們的家庭不一樣，因為 _____

_____

_____

_____

_____

_____

我以終生的呼吸、微笑和淚水，來愛你。
—— 伊莉莎白・巴雷特・白朗寧 (Elizabeth Barrett Browning)

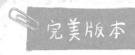
完美版本

🙂 **媽媽**

如果我沒有孩子，可能不會了解我有多愛另一半的地方：

_____

_____

讓我的伴侶成為一個好父親的特質：

_____

_____

_____

🙂 **爸爸**

如果我沒有孩子，可能不會了解我有多愛另一半的地方：

_____

_____

讓我的伴侶成為一個好母親的特質：

_____

_____

_____

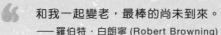

和我一起變老，最棒的尚末到來。
—— 羅伯特・白朗寧 (Robert Browning)

 媽媽

另一半和寶寶一起做過哪些別人沒試過、有創意或有趣的事情，而我也覺

得很可愛、迷人或甜蜜？

_____

我喜歡和寶寶一起做哪些別人沒試過、有創意或有趣的事情？

_____

 爸爸

另一半和寶寶一起做過哪些別人沒試過、有創意或有趣的事情，而我也覺

得很可愛、迷人或甜蜜？

_____

我喜歡和寶寶一起做哪些別人沒試過、有創意或有趣的事情？

_____

如果每回想你時，就開出一朵花……那麼我將能
永遠徜徉在花園之中。
—— 阿佛列・丁尼生 (Alfred Tennyson)

浪漫驚喜

和另一半一起進行家庭活動時，感到甜蜜或浪漫的時刻：

....

....

....

對某些人來說，清理嘔吐物實在稱不上浪漫。記錄一些特別不浪漫
的時刻：

....

....

....

....

留住時光

媽媽

此刻想留下什麼？

想永遠記得哪些和寶寶一起度過的珍貴時光？

過去有哪些喜歡和寶寶一起做的活動，現在想再次放進生活中？

爸爸

此刻想留下什麼？

想永遠記得哪些和寶寶一起度過的珍貴時光？

過去有哪些喜歡和寶寶一起做的活動，現在想再次放進生活中？

媽媽

期待未來和寶寶一起做什麼？

爸爸

期待未來和寶寶一起做什麼？

在家這樣玩

我們喜歡待在家裡，一起做哪些事情？

1. _____

2. _____

3. _____

4. _____

特別的回憶：_____

外出這樣玩

有趣的家庭外出活動有哪些？

1. _____

2. _____

3. _____

4. _____

特別的回憶：_____

好玩的一打一

媽媽和寶寶喜歡的活動有哪些?

活動內容:＿＿＿＿＿＿＿＿＿＿＿＿＿＿＿＿＿＿＿＿＿＿

誰比較喜歡,媽媽還是寶寶?＿＿＿＿＿＿＿＿＿＿＿＿＿＿

活動內容:＿＿＿＿＿＿＿＿＿＿＿＿＿＿＿＿＿＿＿＿＿＿

誰比較喜歡,媽媽還是寶寶?＿＿＿＿＿＿＿＿＿＿＿＿＿＿

活動內容:＿＿＿＿＿＿＿＿＿＿＿＿＿＿＿＿＿＿＿＿＿＿

誰比較喜歡,媽媽還是寶寶?＿＿＿＿＿＿＿＿＿＿＿＿＿＿

爸爸和寶寶喜歡的活動有哪些?

活動內容:＿＿＿＿＿＿＿＿＿＿＿＿＿＿＿＿＿＿＿＿＿＿

誰比較喜歡,爸爸還是寶寶?＿＿＿＿＿＿＿＿＿＿＿＿＿＿

活動內容:＿＿＿＿＿＿＿＿＿＿＿＿＿＿＿＿＿＿＿＿＿＿

誰比較喜歡,爸爸還是寶寶?＿＿＿＿＿＿＿＿＿＿＿＿＿＿

活動內容:＿＿＿＿＿＿＿＿＿＿＿＿＿＿＿＿＿＿＿＿＿＿

誰比較喜歡,爸爸還是寶寶?＿＿＿＿＿＿＿＿＿＿＿＿＿＿

幸福不是理性的理想，而是想像的理想。

——康德

父母二人世界的條件

👩 **媽媽**

寶寶出生前，我的理想約會是 _____

_____

現在則是 _____

_____

我等不及我們可以再次 _____

👨 **爸爸**

寶寶出生前，我的理想約會是 _____

_____

現在則是 _____

_____

我等不及我們可以再次 _____

第一次在家約會

做了什麼？有什麼特別的地方？

☐ 我們自己做爆米花和看電影　　☐ 盛裝打扮、叫外賣餐點

☐ 在床上野餐　　☐ 點蠟燭

☐ 好好的對話　　☐ 其他：＿＿＿＿＿＿＿＿＿

這個約會是事先計劃好的，還是臨時起意？＿＿＿＿＿＿＿

＿＿＿＿＿＿＿＿＿＿＿＿＿＿＿＿＿＿＿＿＿＿＿＿＿＿＿

＿＿＿＿＿＿＿＿＿＿＿＿＿＿＿＿＿＿＿＿＿＿＿＿＿＿＿

＿＿＿＿＿＿＿＿＿＿＿＿＿＿＿＿＿＿＿＿＿＿＿＿＿＿＿

在家約會

約會一＿＿＿＿＿＿＿＿＿＿＿＿＿＿＿＿＿＿＿＿＿＿＿

約會二＿＿＿＿＿＿＿＿＿＿＿＿＿＿＿＿＿＿＿＿＿＿＿

約會三＿＿＿＿＿＿＿＿＿＿＿＿＿＿＿＿＿＿＿＿＿＿＿

約會四＿＿＿＿＿＿＿＿＿＿＿＿＿＿＿＿＿＿＿＿＿＿＿

挑戰：你們可以多長時間不談到寶寶？

再創浪漫

第一次出門約會的日期：

哇，做了什麼？

感覺如何？

維持了多長時間？

是誰先想打電話回家確認寶寶好不好？

更多細節：

做了縝密計畫後，時常事與願違。

—— 羅伯特·伯恩斯 (Robert Burns)

浪漫不再

描述一個被打亂的浪漫計畫：

怎麼處理的？

從中學到什麼？

重要節日：
我等不及了！

把故事填進空白處

你是怎麼變得如此 ＿＿＿＿＿＿＿＿＿＿＿＿＿＿！你剛出生時，

你甚至還不能 ＿＿＿＿＿＿＿＿，而現在你 ＿＿＿＿＿＿＿＿＿＿。

當你一歲大時，在這個世界上你最喜歡的是 ＿＿＿＿＿＿＿＿＿＿，

你可以 ＿＿＿＿＿＿＿＿＿，和 ＿＿＿＿＿＿＿＿＿＿＿。

你有最迷人的、＿＿＿＿＿＿＿＿＿顆牙齒的笑容！你的第一個生日是

＿＿＿＿＿＿＿＿＿＿＿＿＿＿＿＿＿＿＿＿＿＿這樣過的。

目前你最喜歡的節日是 ＿＿＿＿＿＿＿＿＿＿＿，我們想那是因為

＿＿＿＿＿＿＿＿＿＿＿＿＿＿。我們很高興你學會了新把戲和才藝，

包括 ＿＿＿＿＿＿＿、＿＿＿＿＿＿＿＿＿和 ＿＿＿＿＿＿＿，

而且你愈來愈 ＿＿＿＿＿＿＿＿＿＿＿＿＿＿＿＿＿＿＿＿＿。

在你成長過程中，如果我們有一件特別的事情要告訴你，那會是 ＿＿＿＿

＿＿＿＿＿＿＿＿＿＿＿＿＿＿＿＿＿＿＿＿＿＿。而另

一件我們不能忘記告訴你的——你是我們的一份子，讓我們有多麼快樂。

> 愈是讚美、慶祝你的生活，生活中就有更多可以慶祝的事。
> —— 歐普拉·溫芙蕾

寶寶的第一次慶祝活動

為了歡迎寶寶誕生，是否舉辦任何正式的派對或慶祝活動？ _____

那是什麼？ _____

_____

在哪裡舉辦？ _____

有哪些人參與？ _____

_____

寶寶是否感受到這個活動？ _____

_____

任何有趣的禮物？ _____

_____

寶寶穿什麼？ _____

_____

更多細節、故事：

．．．

．．．

放一張寶寶的照片

放一張寶寶和家庭成員的照片

第一個母親節

恭喜，這是媽媽自己掙來的節日！

媽媽

母親節奇想

- ☐ 鮮花
- ☐ 睡到很晚
- ☐ 在床上吃早餐
- ☐ 其他：＿＿＿＿＿＿＿＿

- ☐ 和朋友出遊
- ☐ 一台新車
- ☐ 被帶出門吃早午餐或晚餐

現實世界

實際發生的事情是＿＿＿＿＿＿＿＿＿＿＿

＿＿＿＿＿＿＿＿＿＿＿＿＿＿＿＿＿＿＿

母親節對自己意味著什麼？＿＿＿＿＿＿＿

＿＿＿＿＿＿＿＿＿＿＿＿＿＿＿＿＿＿＿

第二個母親節的細節：＿＿＿＿＿＿＿＿＿

＿＿＿＿＿＿＿＿＿＿＿＿＿＿＿＿＿＿＿

＿＿＿＿＿＿＿＿＿＿＿＿＿＿＿＿＿＿＿

第一個父親節

恭喜,這是爸爸自己掙來的節日!

爸爸

父親節奇想

☐ 高爾夫球桿　　　　　　☐ 睡到很晚

☐ 和男性朋友出門一天　　☐ 在床上吃早餐

☐ 一台新車　　　　　　　☐ 被帶出門吃早午餐或晚餐

☐ 其他:＿＿＿＿＿＿＿＿＿＿＿＿

現實世界

實際發生的事情是＿＿＿＿＿＿＿＿＿＿＿＿＿＿＿＿＿＿＿＿

＿＿＿＿＿＿＿＿＿＿＿＿＿＿＿＿＿＿＿＿＿＿＿＿＿＿＿＿＿＿

父親節對自己意味著什麼?＿＿＿＿＿＿＿＿＿＿＿＿＿＿＿＿＿

＿＿＿＿＿＿＿＿＿＿＿＿＿＿＿＿＿＿＿＿＿＿＿＿＿＿＿＿＿＿

第二個父親節的細節:＿＿＿＿＿＿＿＿＿＿＿＿＿＿＿＿＿＿＿

＿＿＿＿＿＿＿＿＿＿＿＿＿＿＿＿＿＿＿＿＿＿＿＿＿＿＿＿＿＿

＿＿＿＿＿＿＿＿＿＿＿＿＿＿＿＿＿＿＿＿＿＿＿＿＿＿＿＿＿＿

放一張寶寶第一次過節的照片

派對時間!

寶寶第一次過節是在 _____

_____

過年、兒童節或其他慶祝活動

如何慶祝? _____

是否加進新的家族傳統? _____

寶寶喜歡開禮物嗎? _____

_____

過新年

四個關於家庭的新年新希望

1. _____

2. _____

3. _____

4. _____

做了什麼特別的事情？ _____

是否守歲到午夜？寶寶也是嗎？ _____

萬聖節

寶寶的裝扮是 _____

爸爸和媽媽也換裝嗎？ _____ 是否布置了家中環境？ _____

是否出門玩「不給糖就搗蛋」的活動？或是待在家裡發糖果？還是兩者皆

是？ _____

其他喜愛的節日和家族聚會： _____

寶寶滿週歲

（放輕鬆簡單填寫）

身高： _____　　　體重： _____

寶寶的個性是 _____

寶寶喜歡的是 _____

寶寶討厭的是 _____

達成了什麼成就？ _____

_____

難忘的時刻： _____

_____

放一張寶寶一歲時的照片

> 這年，我們終於不再是同一個人；那些我們愛的人亦然。
>
> —— 毛姆 (Maugham)

有個一歲寶寶的父母

媽媽

改變了什麼？

身為媽媽，最讓自己驚喜的事情：

爸爸

改變了什麼？

身為爸爸，最讓自己驚喜的事情：

我是如何愛你？讓我一一細數。
—— 伊莉莎白‧巴雷特‧白朗寧 (Elizabeth Barrett Browning)

寶寶的喜好

音樂：

書籍：

食物：

人（真人、想像中的人或電視裡的人）：

動物（絨毛娃娃、真的動物或電視裡的動物）：

活動：

其他：

我們忍不住向人炫耀你是如何的

時空膠囊

如果寶寶要將自己喜愛的東西裝進一個行李箱，他會拿什麼？

....

....

....

....

....

....

....

....

....

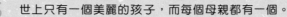

世上只有一個美麗的孩子，而每個母親都有一個。
—— 中國諺語

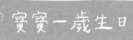

寶寶一歲生日

我們做了什麼？

誰來參加？

成功還是災難？

更多細節和感受：

放一張寶寶一歲生日的照片

親愛的 _____

....

....

....

....

....

....

....

....

....

寶寶滿兩歲 （放輕鬆簡單填寫）

身高：＿＿＿＿＿＿＿　　體重：＿＿＿＿＿＿＿

寶寶的個性是＿＿＿＿＿＿＿＿＿＿＿＿＿＿＿＿＿

寶寶喜歡的是＿＿＿＿＿＿＿＿＿＿＿＿＿＿＿＿＿

寶寶討厭的是＿＿＿＿＿＿＿＿＿＿＿＿＿＿＿＿＿

達成了什麼成就？＿＿＿＿＿＿＿＿＿＿＿＿＿＿＿

＿＿＿＿＿＿＿＿＿＿＿＿＿＿＿＿＿＿＿＿＿＿＿

難忘的時刻：＿＿＿＿＿＿＿＿＿＿＿＿＿＿＿＿＿

＿＿＿＿＿＿＿＿＿＿＿＿＿＿＿＿＿＿＿＿＿＿＿

放一張寶寶兩歲時的照片

媽媽

你改變了什麼？

身為媽媽，你最享受的事情是

最精采的部分有

 爸爸

你改變了什麼？

身為爸爸，你最享受的事情是

最精采的部分有

寶寶的喜好

音樂：_____

書籍：_____

食物：_____

人（真人、想像中的人或電視裡的人）：_____

動物（絨毛娃娃、真的動物或電視裡的動物）：_____

活動：_____

其他：_____

我們忍不住向人炫耀你是如何的 _____

時空膠囊

如果寶寶要將自己喜愛的東西裝進一個行李箱（或時空膠囊、浴缸），他

會拿什麼？_____

_____

_____

_____

寶寶兩歲生日派對

你做了什麼？

_____

_____

誰來參加？

_____

_____

成功還是災難？

_____

_____

更多細節和感受：

_____

_____

放一張寶寶過兩歲生日的照片

寫給兩歲寶寶的一封信

親愛的 _____

時光之鳥振翅飛翔，路卻短。
—— 《魯拜集》

兩歲＋，我等不及了！

 媽媽

期待的時刻

1. _____

2. _____

更多想法和感受：_____

_____

 爸爸

期待的時刻

1. _____

2. _____

更多想法和感受：_____

_____

> 當你回顧人生，最棒的幸福就是家庭幸福。
> ——喬伊斯·布洛斯 (Joyce Buros)

回憶和里程碑

擁有了許多歡樂的、珍貴的和正在創造的回憶，寫下回顧和期待：

....

....

....

....

....

....

....

....

你永遠是我們的寶貝

留下更多的照片、訊息和回憶：

留下更多的照片、訊息和回憶：

致謝

　　我要特別感謝一些特別的人，他們在我寫書過程中提供協助，他們大多都在我生命中占有一席之地，包括我的丈夫和夥伴：亞蘭·莫羅；我的孩子：薇拉和尼奇；我的母親，同時也是我的魔法精靈：瑪娜·G·維納；我的父親：賽·維納；亞蘭的父母：露比·莫羅和羅茲·莫羅；亞當·F·維納、大衛·B·維納、艾比·飛利浦森、艾瑞克·莫羅、史黛西·派提特，以及其他家族成員，他們總是很有趣也總是支持我。充滿耐心的作家團體：索妮亞·賈菲、羅賓斯、莫琳·霍斯巴赫、史黛西·伊凡斯、我的經紀人琳達·康納、雪松堡出版社的編輯哈雷·米勒。還有很棒的好友和理論派編輯：羅歇爾·克萊普納、瑞秋·麥爾斯、瓊妮·斯昆梅克、法比恩·佩哈、羅賓·哈洛蘭、潔西卡·魏格曼、蘇珊·基廷、凱特·威爾、珍妮佛·羅西卡茲、鮑伯·艾克斯坦、蘇珊·魯斯特、梅·卡斯提洛、佩提·帕特爾、海蘭·帕特爾，以及在我有需要時提供絕佳意見的馬克·J·布洛克和麥可·阿克曼。

作者介紹

　　吉兒‧卡蘿‧維納的文章散見於《紐約親子遊》、
《奇異果雜誌》、《尼克雜誌》和 Mom365.com 等家
庭類雜誌及網站，主題遍及各類親子題材，從教育、好
孕祕訣、孕肚彩繪、制定生產計畫、疊球、帶幼兒到農
夫市集，到舉辦最酷的生日派對。她的社論、文章發表
於《紐約時報》、《華爾街日報》等雜誌、出版物、網
站。她也定期發表人物故事、運動、紐約相關等文章。
2012 年，她出版了第一本兒童電子繪本《臭臭的萬聖
節》。

　　1999 年，她的生活出現重大變化（不過是好的那
一種）：她的第一個孩子出生。她不僅得打理截然不同
的生活，還持續接案寫作，但她和丈夫這種見招拆招的
模式受到批評。在忙得焦頭爛額、陷入育兒深淵前，若
有《當我們變成三個人》這類紀錄本，便能做為她的救
生艇，增進與丈夫的溝通和樂趣，記下此生僅有一回
的時刻。

　　想知道更多，請造訪她的網站：

www.jillcarylweiner.com

輕心靈 006

當我們變成 3 個人
育兒手感紀錄，全家人的回憶筆記書
When We Became Three: A Memory Book for the Modern Family

作者／吉兒・卡蘿・維納 Jill Caryl Weiner
譯者／黃微真
責任編輯／蔡川惠
校對／王雅薇、魏秋綢
封面設計／Rika Su
內頁設計／連紫吟、曹任華
行銷企劃／石筱珮

天下雜誌群創辦人／殷允芃
董事長兼執行長／何琦瑜
媒體產品事業群
總經理／游玉雪
總監／李佩芬
版權主任／何晨瑋、黃微真

出版者／親子天下股份有限公司
地址／台北市 104 建國北路一段 96 號 4 樓
電話／（02）2509-2800　傳真／（02）2509-2462
網址／www.parenting.com.tw
讀者服務專線／（02）2662-0332　週一～週五：09:00~17:30
讀者服務傳真／（02）2662-6048
客服信箱／parenting@cw.com.tw
法律顧問／台英國際商務法律事務所・羅明通律師
製版印刷／中原造像股份有限公司
總經銷／大和圖書有限公司　電話：（02）8990-2588

出版日期／2023 年 2 月第一版第一次印行
定　價／380 元
書　號／BKELL006P
ISBN／978-626-305-424-0（精裝）

當我們變成三個人：育兒手感紀錄，全家人的
回憶筆記書 / 吉兒．卡蘿．維納作. -- 第一版 . --
臺北市：親子天下股份有限公司, 2023.02
160 面；14.8x18.5 公分 . -- (輕心靈；6)
譯自：When we became three : a memory book
for the modern family
ISBN 978-626-305-424-0(精裝)

1.CST: 家庭 2.CST: 育兒

544.1　　　　　　　　　　　　　112001091

立即購買 >

訂購服務：
親子天下 Shopping ／ shopping.parenting.com.tw　海外・大量訂購／ parenting@cw.com.tw
書香花園／台北市建國北路二段 6 巷 11 號　電話 (02) 2506-1635　劃撥帳號／ 50331356 親子天下股份有限公司